김광수 제8시집

그리움

세종출판사

시인의 말

무서워하고 두려움에 떨며

(고백) 문학에 관한 한, 시에 관한 한 무조건 무섭다는 것이 이즈음의 저를 지배하는 정서입니다. 여덟 번째 시집 **그리움**을 묶으면서도 제 가슴 속에는 오직 두려움뿐, 그래서 무서워하고 두려움에 떱니다.

과연 팔리거나 읽힐 기약조차 없는 시집을 계속 출간해야 하는지? 죽자고 골라낸 시편들이 시집 전체를 관통하는 구조와 주제에 통하는 것인지? 가락과 심상의 조화는? 시편 하나하나, 노래와 그림의 합일로 느껴지는지? 시적 품격과 치열함은? 감동은? 오만가지가 두려움이고 무서움입니다.

(독백) 그러나 어이하랴, 이것이 시인작가의 업장과보인 것을. 피할 수 없거나 물러서지 못할 일이라면 부서질 요량하고 목청껏 노래하고 그려내는 수밖에.

나가자, 내 분신이자 말글의 첨병들아. 진짜주인이신 독자들 앞에 용감하게 나서 보자꾸나. 그래도 여전히 두렵고 무섭구나.

향가 「찬기파랑가」가 들려주고 보여주는 음수율과 라임과 이미지의 완벽한 합일, 담대한 담시 기법, 문답법을 현대화하여 재현할 수는 없을까요?

사설시조, 세계최고의 산문시 아닌지요?

몇 개의 명제가 시집 **그리움**이 제 품을 떠날 때까지 저를 지배해왔고, 상기도 지배하는 화두입니다만 일찌감치 시인 대접 받기를 포기한 제겐 오지게도 어렵습니다.

2012년 이전에 써진 초고를 퇴고 정서한 시편들입니다.

2015년 8월 31일 김광수 절

情緖 emotion 감정의 폭발적 상태 構造 structure 主題 theme 가락 韻律 rhythm 心象 image 노래 그림 시와 양대 요소 感動 feeling of good 業障果報 鄕歌 사뇌가 讚耆婆郎歌 音數律 meter 音聲律 rhyme 譚詩 ballad 이야기시 辭說時調 散文詩 prose poem 命題 주어진 주제 話頭 말머리

차례

제1부 사랑은 그리움

제2부 동경 서시

제3부 추억 그리고

제4부 그래서 강이다

제5부 때로는 칭찬이

제1부

사랑은 그리움

열리는 혼 이순의 가을비
마침내 그리운 사랑 하나가
낮은 목소리에 그대 귀 열리고
내 몸속에 가을이
두려움에 떱니다
인생도 그리움
시산제 그리고 슬픔
장모님은 내 가슴으로
어머니의 종이학

열리는 혼 이순의 가을비

후박나무 잎으로 지는

이순의 가을비

이슬인 양 정갈하다

병원 가는 길

수요일 아침마다

아내가 끓여내는

커피의 맛.

耳順 甲年 만60세 운명에 귀 기울일 줄 아는 순명의 나이

마침내 그리운 사랑 하나가

– 내 딸 내 아들, 아이들아

나이 들어 보거라 더욱 구체적으로
환갑 밑자리 팍팍 깔아 보거라
애비 살아온 날들에 대한 회한은 사치
만춘달 잔설보다도 완벽하게 스러지고
남는 건 제법 커도 여전히 어린 자식,
미루나무 아래서
미루나무 우러르듯 자식 우러르면
잘못 키운 날들에 대한 회한
무거운 자책과 독하디 독한 슬픔,
말 배우는 아이에게 말 가르치지 못하고
사랑 무지 필요할 때 사랑 주지 못하고
못하고 못하고 자꾸자꾸 못하고
만춘달 새잎 더불어 저 혼자 자란 아이
미루나무 아들딸이기 바라고 바랐으니.

晩春 +달
2001년 새미시문학지 2집[청매화 향기]

낮은 목소리에 그대 귀 열리고

예전에는 낮고 낮익은 목소리였다가
이제는 높고 낯선 말소리
듣는 귀 무뎌진 만큼
말소리만 커지는
나머지 언어들,
목소리를 돌려 다고
그대 귀 열리게 하던
낮은 목소리를 돌려 다고
돌려 다고, 흘러가 버린 것
돌려줄 수 없는 것 그대로 두고.

2003년 새미시문학지 3집[솔향 스미는 자리]

내 몸속에 가을이

숨어 있던 바람 가을 더불어 나온다
내 몸속 어드멘가 꼭꼭 숨어 있다가
머리카락 사이에서
겨드랑이 사이에서
두 다리 사이에서
사이사이 사이에서
삿지기 삿지기 삿뽀뽀,
오호라 발가락 사이에서
굿거리장단으로
흥겨움 서러움 합동으로 나온다
나온다 나온다 소리도 나온다,
하늘과 들 산과 강 세상을 식힌다,
빈들이 되어 내 몸은 쓰러진다.

소리 판소리 등 우리 고유의 노래
2004년 새미시문학지 4집[마침내 그리운 사랑 하나가]

두려움에 떱니다

– 무섭다가 두려워서

나는 언제나 두려움에 떱니다
생각할 줄 안답시고
계속 떱니다,
태어난 것부터가 무섭습니다
하늘 산 바다 들 흐르는 강물까지
바람소리 새소리 물소리 사람소리
나이 들고 병들어 죽는 일까지
노 병 사 안답시고 무섭던 온갖 것
죽음을 실감하는 나이가 되니
이제는 자식들이 두렵습니다,
두려움에 떠는 인생 무섭습니다
두려움에 떠는 내가 무섭습니다.

生老病死 인생의 네 단계 통과의례 冠婚喪祭 네 가지 통과의식
2007년 새미시문학지 5집[닫힌 창안에서도 풍경화를 그리고]

인생도 그리움

아침마다 누웠던 자리 쓸면
조각난 내 몸 쌓이네,
온갖 것 침침해진 해거름인생
빗자루 따위에 쓸리지 않던
내 몸의 파편 손바닥에 모으니
내가 먼지인지
내 인생이 먼지인지,

고향 그리며 나이 먹어가니
성내 가는 길은 먼지로 남고
고향의 달성공원 선명해지네,
거기서 배운 것 그대로 남았으니
인생도 그리움.

城內 도성 도시의 옛말
2008년 새미시문학지 6집[피는 꽃 속에]

시산제 그리고 슬픔

축관이 되어 축을 읽으면 선무당이다가

뒤풀이 한마당에선 어릿광대다

흥겨운 시간 산과 주막에서 보내고 귀가,

아내는 남편이 마냥 안쓰럽다

당신의 어릿광대 짓 속에 숨은

지아비의 한과 애비의 슬픔 명경 알이다.

始山祭

2009년 새미시문학지 7집[비야 비야 여우비야]

장모님은 내 가슴으로

병자년 음1월 26일, 장모님 외롭고 서럽고 아프게 사시다가 아름답게 가시다. 비로소 맏사위 가슴으로 들어오신 장모님, 그래서 나도 아프다. 죽음과 주검이 살아있는 육신보다 아름다울 수 있다는 거 아파하며 배운다.

문득 온갖 불행과 절망은 스스로 외롭고 서럽다는 생각이 든다.

인생세간 사는 이 누구라도 안고 사는 절대고독 생노병사 통과의례 앞에서 불행해하고 절망할 수밖에 없으면서도 그것을 피해가기 위해 필사적이다. 그래서 더욱 서럽고 아플 것이라는 생각도 든다.

丙子年

2010년 새미시문학지 8집 [초승달 서늘히 눈썹을 세우면]

어머니의 종이학

창밖에 벚꽃 내리니
창안에서 창밖으로
그대 말씀도 내리다,
꽃도 참 시어머니 종이학이네,
상자를 여니 종이학 살아 숨 쉬네
알록달록 삼천 그러나
순결 하양
곱기도 하지,
손바닥에 얹어 하늘로 날리니
일시에 벚꽃 되는 울 엄니 비상
영롱하기도 하지,
눈빛인지 눈물인지 구별할 길 바이없다
그대 하염없다 그대 말씀 하염없다.

三千 울 엄니 살아생전 손녀 위해 담배 곽 은박지로 접은 삼천 학
2011년 새미시문학지 9집[함박눈을 향한 기도]

제2부

동경 서시

봉선화 너만 오라

목단 키우는 꽃밭 자랑스럽다
모란 필 일 자명하니 신바람 난다
봉선화 가꾸는 텃밭 안쓰럽고 힘겹다
필 듯 말 듯 떨어질 너 슬프기도 하다
목단 모란 더뎌두고 봉선화 너만 오라
기쁜 노래 사랑노래 부르며 오라,
넘치는 자식 키우기 자랑이지만
부족한 자식 키우기 행복이라며
자장가 불러주던
울 엄니 보고파라,
자식 자랑 재미도 쏠쏠하지만
자식 사랑 보람도 수월찮다며
장화홍련 읽어주던
그 시절 그리워라,
넘치는 자식으로 자랑 배우고
부족한 자식으로 사랑 배우니
자랑이며 사랑이며
사랑노래며
힘겨운 행복이여 내게로 오라
그리운 노래 타고 내게로 오라.

목단나무 모란 꽃 던져두고의 고어 고대소설 薔花紅蓮傳의 두 자매

돌섬 유리성

아내가 수석으로 돌섬을 만든다
딸아이 하나 대륙에 두고
우리 부부 아들 더불어
살아갈 섬이란다,
아내가 유리잔으로
유리성을 만든다
남은 아들마저 한양 보내고
우리 부부 둘이서만
살아갈 성이란다,
섬이면 어때 성이면 어때
돌섬 좋아 유리성 좋아
다투어 본들
두고 온 딸 돌섬이고
보낸 아들 유리성인데.

壽石 琉璃城 漢陽

기도

오늘 아침 앞뜰에서
흔들리는 겨울나무
싸늘한 가지
보이지 않는 바람의
무성한 목소리
보이지도
들리지도
않으면서도
이승에서 제일
아름답고
구체적인
사랑 만난 듯
반갑고 고마워
내일도 모레도
이런 아침
이런 앞뜰이기
빌어본다,
기도인가?

편지

들리지도 보이지도 않는
그대 마음
들리도록 그렇게
보이도록 그렇게
보낸 편지
목청껏 읽으니
고맙다 그대 육성
감동과 용기백배
지친 심신 추슬러
책상머리 다그니
눈앞에서 매화
흐드러진 낙화
만개한 백목련
위태로운 흔들림
시리게 바라보니
듣지도 못하고
보지도 못한
세월
무상함이 두렵다
정갈하고 귀한

것들의 스러짐
안쓰럽고 아프다,
흔들리는 것만으로
아름답고
넉넉한 삶
존재의 향기.

肉聲 진실한 말 無常 자연의 유일한 이법 口業 인간이 저지르는 원업 중 가장 무서운 것

하의실종 가지치기

여름을 떠나보내기 싫은 소녀
요사이는 처녀와 아줌마까지
스스로를 가지치기 하지
머리카락 치고 민얼굴 남기지
상의 치고 맨가슴 남기지
하의 치고
은밀한 곳 남기지
수줍고 부끄럽고
자랑스러운 것
여지없이 드러내지
부끄럽다 되뇌지만 부끄럽지 않지
드러난 성감대 자랑스럽지
추워하지 않지 춥지 않으니까,
사람아 사람들아
나무들 겨울나기 위한답시고
수령 늘여주기 위한답시고
가지치기 하지 마라
팔다리 마디마디 베어버리지 마라
튼실한 가슴 미끈한 배만 남기지 말라
마침내 성감대만 남기지 말라

드러난 나신 부끄럽지 않으니까,
발가벗은 겨울나무 춥지 않으니까.

下衣失踪 樹齡 나무 나이 나이테

그대 알 것이다

사랑이여, 모르는 여자가 게걸게걸 게걸스럽게 먹는 것이 보기 상그럽지 아내가 먹는 것은 보기하고 별개로 안심되는 것임 알 것이다.

내 마음 안심됨으로 이제는 집에서도 대책 없는 초개사랑, 꽃잎에 누우니 꽃잎사랑, 강물에 얹히니 강물사랑, 술잔에 드니 취한 사랑, 아내 더불어 부끄러움 없으니 적나 사랑, 그 모든 사랑 부끄럽지 않으니 서럽지만 예쁜 사랑, 마침내 매우 정직한 사랑, 그대 알 것이다 지푸라기사랑.

草芥 고유어 지푸라기 민중의 보조관념 赤裸(裸)

괜찮다 다 괜찮다 늘 아프니까

괜찮다 다 괜찮다 늘 아프니까, 옳은 일이라면 선행이라면 마침 내 감동이라면 기다림과 시간이 그 진상 밝혀줄 것이리니,

괜찮다 다 괜찮다 좋은 말글 쓰기 위한 길이라면 시인작가로서 자정을 위한 시간이라면 소외감도 그로 인한 외로움도 감내해야 할 공간이라면 아프게 좀 더 아프게 받아들일 것이리니,

증오도 그로 인한 상체기 역시 사랑이리니 감내해야 할 일이리니.

괜찮다 다 괜찮다 그대가 상수니까

주색잡기가 남녀공용인 줄 이제야 안다. 아내가 무안해하다가 깔깔거린다. 여존남비가 거기까진 줄 이적지 모르다니, 우리 신랑 착하다.

술 酒 자 주객 상수와 하수, 중수는 없다. 마시고 계산하고 주석까지 잊어버리는 상수, 재탕에 삼탕사탕 침 티기는 하수 자랑인지 창피인지 그조차 모르니 신상까지 까발린다. 저만 주선이고 줄줄이 주졸이다. 술자리 한 번에 백 번 취한 동석자들 주졸에 취객으로 소문이 낭자하다.

말이 잡기지 돈 놓고 돈 먹기 시간 놓고 시간 먹기 인격 놓고 인격 먹기, 노름판 끝나면 그 돈 그 시간 인격까지 포기하는 상수, 다음 판 벌인 때까지 돈 잃었다고 징징 저만 잃고 꾼들은 다 땄다고 끙끙대는 하수 돈 시간 인격이야 애초에 없는 것 밀담이 아깝지 음모가 아깝지.

색 色 sex 색색색 만국공통어 하수는 정 주는 자, 하룻밤 풋사랑에 정까지 주다니 가정파탄에 아내 죽이고 자식까지 죽이니 축생이 따로 없다.

사귀는 사이였다가 신랑신부 새신랑 새색시였다가 여보 당신이었다가 핫바지 쭈그렁바가지로 전락한 영감 할멈, 무지갯빛 팬티를 장만해두고 요일에 맞춤 맞은 것 서로 갈아입히고

애인으로 되돌려 연애하는 노부부, 지상에서 천상을 노래할 줄 아는 연인, 당신들만이 진정한 상수.

上手 下手 中手 필자조어 女尊男卑 이적지 여태까지 경상방언 密談 陰謀

훈수문학

훈수장기 재미있고 훈수바둑 재미있는 줄만 알고 살아왔는데 훈수문학 이거야 진짜 재미 짱이네 장기든 바둑이든 뜨는 이 오금 저리고 목돈이라도 걸면 피가 마르는데 훈수하는 이야 툭 툭 한 마디씩 던지고 으스대면 그뿐 그저 그만이거든.

훈수문학도 그래 시든 소설이든 말글 쓰는 바보 몇 년 몇 달 몇 날 걸쳐 작품 한 편 써놓고 간 졸이고 장이 마르는데 몇 날 며칠 내버려두었다가 겨우 몇 시간 몇 분 몇 초 읽는 둥 마는 둥 작품 평 대신 제 자랑만 잔뜩 늘어놓고 대가 연 사부 연하며 매우 잘못 썼다 잘못 썼다 기막히다 기똥차다 되로 주고 말로 받듯 부조하듯 부추기고 주례 서듯 목에 힘주고 수고 비라면서 목돈까지 훑쳐가거든.

훈수장기 훈수바둑 재미로 하고 까딱 잘못하면 상욕 바가지로 먹고 매우 잘못하면 얻어터질 각오까지 해야 하는데 돈 안 되는 그딴 짓에 비해 훈수문학 이거야 천양지차 정도가 아니고 지옥과 천국이네 대가 기분 사부 기분 한껏 내고 상황 따라 기분 따라 질책하고 칭찬하고 결혼하는 신랑신부보다 월등 높은 주례 되니 기분이 입춘대길의 대길 이 아니 좋을쏘냐.

그래그래 신나게 훈수하고 기분 좋게 즐겨라 훈수문학하면서 잘 먹고 살아라 동서고금 문학 생기고 이날 입때껏 훈수문학 명작으로 남아있는 것 보지 못했고 고전이란 말 듣지 못했거든 시든 소설이든 문학작품 중에서 명작에 고전으로 남고 시인작가 덩달아 문학사에 남거든 그게 사실에 진실에 진상까지거든.

訓手文學 필자조어 짱 長의 된소리

인생 산조 혹은 솔로몬 그랜드

월요일 아이 하양 어른 껌정

때 묻은 아이 깨끗한 어른 나란히 세우면 하양 껌정이란 말
몰랐던 속뜻 이제야 안다 절체절명에서도 아이 하양 어른 껌정

화요일 뉘우침의 속살

잘못 없는 아이 언제나 뉘우치네 뉘우침의 속살 깊기도 하지
잘못 많은 어른 뉘우치지 않네 뉘우침의 속살 기억도 못하지

수요일 까불다가

까불다가 아이 배고 까불다가 아 잡아먹는다는 말 거짓말 아니네
정상배 까불다가 악덕기업 배고 생때같은 아들딸 다 잡아먹네

목요일 부끄러움 못 느끼니 무서운 거야

인의예지 모른다고 무서운 것만 아냐 부끄러움 느끼고 아니 조금만 무섭거든
부끄러움 못 느끼니 무서운 거야 무식이 용기 무지가 적폐 진짜 무섭거든

금요일 무서워라 더욱 무서워라

내가 하는 짓이 범죄인 줄조차 모르는 것 무서워라
내가 무슨 짓을 벌이는지 모르는 것 더욱 무서워라

토요일 위대하다 두려움

미완성임을 두려워 말자 소리 없음을 두려워 말자 형체 없음을 두려워 말자
사라짐마저 두려워 말자 진과 진실 선과 선행 미와 감동 위대하다 두려움

일요일 아버지 속삭임으로

선업이든 악업이든 인연이거든 남의 것 아니고
우리 것이거든 그래서 질긴 것이 우리 인연이거든.

二行詩 散調 민속음악 제일 느린 소리 진양조장단에서 중머리 중중머리 자진모리 휘모리장단으로 속도가 빨라짐 Solomon Grand 유대임금 솔로몬의 위대한 생애를 그린 단시 仁義禮智 인간을 만물의 영장답게 하는 네 덕목 진선미 인간의 절대가치 진실 선행 진과 선의 구체화 무서움 감성 두려움 감각

제3부

추억 그리고

사람아 사람아 뭐하니

– 얄리얄리 사박다니 슬픔이 기쁨이거늘

고요도 흐름도 내 것이 아니네,
슬픔과 체읍 죽음과 적멸
그것만이 내 것이네

사람아 사람아 뭐하니

범어사에 가면 고요와 흐름,
체읍과 적멸까지 만날 수 있다는데.

통도사 해인사 송광사(삼보사찰) 동화사 梵魚寺 오대 총림 寂滅 고요마저 사라지는 경지 석가모니 열반

시인아 시인아 뭐하니

마침표를 못 찍는 이상한 시인아
욕먹어도 좋은데 무시당하면 안 돼

시인아 시인아 뭐하니
노래도 안 부르고 뭐하니

안 부르다 안 부르다
못 부르게 되면
노래 잃은 새 새가 아니 듯
노래 잃은 시인은 시인 아닌데

제 글 쓸 생각일랑 애초에 못하고
남의 글에 매달려 한 나절 넘어 가네
제 곡조 잃어버린 구관조 시인
희망은 마음의 등불이라며
뜻 모르고 되뇌는 구관조 되려느냐.

九官鳥 소리 흉내 내기의 고수 주특기는 '희망은 마음의 등불이다'

무소식이 희소식 거짓말이네

무소식이 희소식이란 말
잠언 카니와 속담도 아니네
진짜진짜 새빨간 거짓말이네
환갑진갑 지내봐라
무소식에 무소식이
불길함에 불안함
마침내 아연실색이리니

무소식이 희소식
믿지 않으마,
그러니까 시인아
기침까지 막 해라 아프지는 말고
반갑다 친구야 까치소리 들리니.

자비수초 2

여러 오리 한 두루미 놀고 있는데
기러기 몇 날아와 같이 놀자 하네
광역시 금정산하 온천천이다
수초들 즐거이
제 살 주고 물 권하네,
같이 먹고 같이 싸고
같이 놀고 같이 자니
이것이 소통 공존 공생까지다,
인간아 인간들아 아닌 줄 아니까
게거품 뿜지 마라 금정산하 오염된다,
온천천 오염되면 우리 수초 다 죽는다
우리 수초 죽어지면 남은 우리 갈 곳 없다.

慈悲水草 필자조어 金井山河

연작시 노래 타령조

흔들리며 우는 가을

을숙도 갈대 마르니
단내 코를 찌르네
메마른 흐느낌 숨어 있었네
흔들리며 우는 가을
이미 와 있었네,
청산에 묻는다는 말 거짓말이야
가슴에 묻는다는 말 거짓말이야
죽지 않았거든
살아 있거든
청산과 가슴 욕 뵈지 말라
묻는다 묻는다며 호곡하지 말라.

아내의 코골이

그대의 불면이 내 탓인 줄 알고부터
그대가 코를 골면 안심이 된다
참말로 듣기 좋다,
미안하다 그대
아내의 코골이가 뭔지도 모르면서
서문 없이 사정없이 구박한 놈이어서.

밤중에 일어나

밤중에 일어나 오줌을 누다
귀신 다된 늙다리 등신불을 만나다
머리 위 내린 흰 눈 그렇다 치고
배꼽아래 거웃 하얀 참혹하고 끔찍하다
오줌 줄 끊길 만큼 놀라다 다시 보니,
거울 안의 영감 구시렁거린다
친구야 니가 내다.

묘비명

아름답게 사신 분 아름답게 묻어주고
더럽게 사신 분도 아름답게 묻어주고
아름답게 사신 분 슬픈 노래로 묻어주고
더럽게 사신 분도 슬픈 노래로 묻어주고
아름다움 더러움 슬픔도 묻어주고
기쁜 노래 남겨 묘비명 삼아야지.

打令調 잡가가락 타악기나 요령을 두드리거나 흔들면서 노래한 데서 연유한 듯
乙宿島 새가 잠드는 섬 序文 없이 팔자조어 等身佛 소신공양부처

연작시 겨울정원에서

– 잡풀의 말

1

사람아 사람아 나는 길이 아니다
꽃과 관목 고만고만한 친구들
생존 위해 아우른 뜰의 잡풀이다
영장이라 자랑 말고 길로 다녀라

2

밟혀 죽은 친구들 하 보기 싫어서
주검들의 바스라짐 하 듣기 싫어서
사람이 만든 상처 견디기 어려워
스스로 벌거벗은 겨울정원에서

3

줄 것이 없어서 미안하네 친구
보여줄 알몸조차 뭉개진 초개여서

4

밟히고 또 밟혀도 죽지 않는다는 말 정말일까
죽고 또 죽어도 살아난다는 말 정말일까
귀곡성 무성한 겨울정원에서

5

믿어야지 믿고 또 믿어야지.
독생자 예수 이승에서 부활하고
동정녀 마리아 천국에서 부활하고
저승에서 부활한 하 많은 영혼들,
믿어야겠지 믿고 또 믿어야겠지.

제4부

그래서 강이다

그래서 강이다

뿌리가 있는 것은
강이 아니다
그냥 흐름이어서
그냥 물이어서
그래서 강이다,
산에서 태어나도 산이 아니고
끊임없이 이어져도 줄기는 없다
흐름이고 물이니 형체도 없다
여울을 만나면 여울이 되고
폭포를 만나면 폭포가 되고
소용돌이 속에서 소용돌이 되고
호수를 만나면 호수가 되고
두물머리에서 한 물이 되어
바다로 들어 바다가 되는
그것이 물이다 그래서 강이다.

두물머리 두 물 머리 강물과 바닷물이 만나는 지점 보통명사이면서 고유명사

백목련 우러르기

햇살이 필요 없는 나무

그대가 햇살이다

아슬

백목련 하양

아주 아슬,

눈뜨면 스러질까

눈 뜨지 못하는.

白木蓮 목련과 목본식물

가을에는 나무 木

1

2011년 9월 1일 木 목요일이 좋아서
요일 표시할 적마다 하 쓰기 좋아서
한자로 쓰는 목요일의 나무 木

2

물건들 살아나니 사람들이 살아난다
어느새 살아나 미소 짓는다
무생물을 사랑하니
생물도 정겹고
드디어 사람이 사랑스럽다,
마침내 사람임이 자랑스럽다.

나란히 더 나란히

땅위에는 개미들　나란히 더 나란히
개울에는 피라미들 나란히 더 나란히
강변에는 갈대들　나란히 더 나란히
산허리에 억새들　나란히 더 나란히
하늘에는 기러기들 나란히 더 나란히

하늘의 영광 날개 있는 천사들 비상한다 나란히 더욱 나란히
땅위의 기쁨 날개 없는 천사들이 정리한다 나란히 더욱 나란히.

네 죄를 아느냐?

술꾼 남편의 마지막 주막은

아내가 술어미인 즈그 집이다

작취미성 남편이

옆구리로 쓰러지면

쓰러진 모양새

그대로 잠이 되고,

술보다는 남은 안주가 아까워

억지로 먹고 더 억지로 마시고

설거지하기로 저녁을 때우다가

착한 아내는 술꾼이 된다.

노래

천년을 헤매네 들과 강 산과 계곡
아래 바다 위 하늘 미타찰까지
초파일의 부처님 어디 계세요,
정구업진언 속삭임 따라
고요조차 사라진 그곳에 들어
무량수불 꽃밭의 수국께 여쭈니
하늘하늘 보라수국 웃기만 하네
천진무구 그 미소 서럽기만 하네,

힘들지요 부처님 중생도 힘 드는데,
오냐오냐 진실로 슬픈 중생 울지 않느니
오냐오냐 진실로 기쁜 부처 웃지 않느니
울음도 웃음도 노래가 되나니,

진위도 미추도 곁에 있는 것
감동도 혐오도 사람의 일
은혜도 원한도 곁에 있는 것
이승의 모든 일 사람의 일,
곁에 있는 사람 믿어야 하는 일
곁에 있는 사람 사랑해야 하는 일

노래가 되어 같아져야 하는 것,
찬미찬송
곁에 있는 사람.

彌陀刹 釋誕齋日 淨口業眞言 寂滅寶宮 無量壽佛 天眞無垢 眞僞 美 感動 醜
嫌惡 讚美讚頌

동생아 내 동생아

내 동생 바우 씨는 지가 형님 같다

술자리에서도 영락없이 그렇다

표정과 동작이 백두급이다,

넉 잔은 되고 다섯 잔은 난처한

하수 형 어깨를 사뿐히 겯는다

기사아저씨 신원파악 연락처 확인,

쩨쩨하다 내 동생

지가 동생이라서 형은 막 화평하다.

진실로 건강은 첫사랑 같은 것

진실로 건강은
첫사랑 같은 것
사랑의 순결과
사랑의 기대
몽환까지 같다네,
순결에서 혼탁
기대에서 실망
몽환에서 현실
그렇게 첫사랑이
병들어 가면
되돌릴 수 없는 것
가버리고 나서
울고 또 울어도
돌아오지 않는다네.

슬프고 불쌍하다

험담과 만나면 험담이 돼야 하고

악담과 만나면 악담이 돼야 하니

험담이여 악담이여 슬프고 불쌍하다,

너와 나의 일상이

당신의 슬픔이

당신의 슬픔이 너와 나의 불행이.

잡풀의 말, 사랑의 매

없었어요 선생님
사랑의 매에는
사랑이 없었어요,
권위와 오만
편견과 게으름
거친 감정 거친 정서
혐오와 증오만 그득했어요,
선생님이 없었어요
아이들이 없었어요,
상처받은 잡풀들만 떨고 있었어요.

신라나라 고려나라 황제들보다

황제보다 힘센 조선나라 왕들보다

힘센 나라님 넥타이 풀었어요

일곱 난장이보다 완전 작은 무리들도

예외 없이 일사불란 넥타이 풀었어요,

나라님 메고 나오면 따라 하기 위하여

나라님 모르게 메고 다니기 위하여.

훨씬

리모컨

늙은 창녀의 손바닥에 얹힌 그것처럼
밤이면 리모컨은 내 손바닥에 있다
리모컨이 만드는
세상보다도 현란한 세상
밤이면 열 손가락 두 눈은
네모진 세상
바깥에서 안으로
불면의 시간을 보내다가
새삼 허기지다,
잉태하지 못하는 여자의 손바닥은
식칼로 난도질당하듯 예리하게 아프다.

오호라 광안대교

광안리 드넓고 평안한 바다
바다 위 광안대교 위용을 드러내고
위대한 광선, 굉음과 색채로
수평선과 인생세간 일시에 점령하다
문명에 정복당한 광안 앞바다
작아지고 남루해진 광안리 해안
바다의 수호신 고래가 떠나고
고래를 지키던 상어도 떠나고
큰고기 중간고기 따라 떠나고
멸치 떼마저도 덩달아 떠나네,
문득 대교난간
갈치 떼 하양 군무
죽은 폐비닐의 씻김굿이다.

廣安大橋 廣安里

김소월문학관은 어디 있나요

대한나라 좋은 나라 이상한 나라
동네방네 골골이 문학관이고
성내에도 시골에도 기념관이다
숫자로도 규모로도 세계제일이란다,
보통수준 억지로 되는 문사를
저희 동네 출신 모모한 문사를
고전문학 현대문학 교량이란다,
아줌마요 아저씨요 대답해 주오
김소월 문학관은 어디 있나요,
반공도 용공도 아닌 분들을
보수도 진보도 아닌 분들을
리승만 김일성 합한 분들이란다,
백범선생 기념관은 어디 있나요
아저씨요 아줌마요 대답 좀 해주오.

素月 金廷湜 萬海 韓龍雲과 더불어 한국시문학사의 양대 수레바퀴

그리운 옛 노래, 그 나무

1

그 나무는 언제나 옷을 갈아입는다,
별다른 동요 없이 소리도 없이
그저 굳은 자세로
벗었다 입었다 옷을 갈아입는다
그래도 바람이 가지 새를 지나면
나무의 움직임이 시작되는 바
뜬눈으로 새운 뒤의 갈채도 쏟아내고
남모르게 남모르게 울기도 한다
아무도 그것을 보지 못한다
그 나무는 언제나 옷을 갈아입는다
출발의 진지함도 허전한 종말도
모르는 척 모르는 체
바람과의 만남 그것만으로
그 나무는 언제나 옷을 갈아입는다.

2

빛을 달라던 볼프강 폰 괴테의 죽음보다는
어둡다 울부짖던 모파상 아저씨
당신의 죽음이 절실했지만
출발은 지금부터니 닻을 올리라던
라빈드라나트 타고르의 죽음은 위대하다,
상아탑을 찾는 코끼리의 행렬도
소의 마지막 울음도 위대하지만
남모르는 사이 죽음을 준비하여
침묵 속에 지는
그 나무의 죽음은 더욱 위대하다,
그 나무는 남 먼저 가을을 알고
잎을 떨어뜨리며 가을을 맞는다,
피곤하여라 일상의 가벼운 잎들이여
당신들은 가벼운 기대나 주고 가지만
그 나무는 아는 체 하지 않는다
괴테의 말씀도 모파상의 호곡도
타고르의 인내마저
그 나무는 아는 체 하지 않는다

그저 잎이나 떨어뜨리며
무량이 법열로 죽어갈 따름.

1976년 필자 제1시집『새벽찬가』에서

제5부
때로는 칭찬이

때로는 칭찬이

칭찬이 때로는

욕설보다 무섭다는 것을 안다

욕설의 독화살보다

칭찬의 당위정이 더욱 무섭다는 것 경험으로 안다

결론은 하나, 빈자리를 향하는

화살도 당위정도 낭비에 속하는 것

자리에 있는 사람들아 우리들만의 얘기를 하자

자리에 없는 사람 우리가 아니니까.

가을바람이

쓸쓸해하거나 슬퍼하지 말 것

가을바람 아니어도

산다는 것이야 늘

쓸쓸하고도 슬픈 것

보이지 않는 가운데

스쳐 지나가는

그것이 인생.

아들아, 애비가 너를 사랑한다

아들아 애비는 늙어가면서 안다

애비가 아들을 사랑했다는 것,

사랑이란 아들이 애비 닮아왔듯이

사랑이란 애비가 아들 같아지는 것

아들아 내 아들아 이 애비 이제 안다.

사람들은 저마다

사람들은 저마다 거울을 보며
그래도 제 얼굴은 동안이라고
득의의 미소 지으며 살아가지
그렇게 살다가 모르는 사이
늙어가기를 빌며,

좋은 시 쓴답시고 바장이며 살았다
좋은 시가 무엇인지 상기도 모른다,
좋은 시란 말글을 노래하게 하는 것
좋은 시란 노래를 느끼게 하는 것
좋은 시란 노래를 기쁘게 하는 것
좋은 시란 노래를 슬프게 하는 것
마침내 노래를 사라지게 하는 것
시인이여, 좋은 시란 그냥 좋은 것
명확한 것은 좋은 시만 시라는 것.

知覺 알고 깨달음 感知 느끼고 느낌의 이유를 앎

하나 되기

나뭇잎 한 잎이 울고 있다네,
열 잎 나뭇잎 열 잎을 노래하고
백 잎 나뭇잎 의기양양 기세 등등
무성한 백 잎을 자랑했거든,
백 가지를 가지고 하나임을 자랑하고
천 가지를 가지고 하나임을 노래하면
한 잎뿐이라도 외롭지 않을 거야
너와 똑 같으니 하나 됨을 자랑하고
우리 모두 하나이니 하나 됨을 노래하면
오는 겨울마저 춥지 않을 거야
너와 내가 만나서 우리가 되거든.

어느새 가을, 반만 보여줘도

시월 하순이다,
하늘에는 남은 별
땅에서 지기
산은 초록세상
나무는 연홍단풍
바다 바라보니
어느새 가을
몸과 마음 가을 너머 겨울,
열 가지를 가지고도
한 가지만 보여주면 성자
세 가지만 보여주면 군자
반만 보여줘도 위인일진데
열 가지 스무 가지 보여주려드니
추위도 오기 전에 탈진상태다.

地氣

그 저울 진짜로

그 저울 진짜로 저울이네
몸무게를 재보니 진짜로 알겠네
2킬로 무거우면 배가 무겁고
2킬로 빠지면 밑천이 무겁다,
어제는 아름답고
오늘은 힘겹고
내일은 궁금하다,
어제 오늘 그리고 내일
아름답고 힘들고 궁금한 것들
모두모두 오늘을 위한 것
오호라 내 인생
2킬로 무거워라.

잡풀도 아프다

잡풀이 밟히고 또 밟히다가
못내 죽어가고
유해조차 흩어지니
등뼈 허옇게 드러내고
엎드린 앞뜰도 중상이다
비명조차 지르지 못하니
몹시 아프다 사람들아
잡풀은 노래조차
아픈 걸 왜 모르냐,

가시나는 까불다가 아이 배고요
머슴마는 가불다가 방자 되고요
김광수는 까불다가 지방작가 됐어요
잡풀보다 백배 아픈 골목대장이지요.

무너지기

반주 없는 저녁을 먹는다
친구와 단둘이서다
말소리 대신 숟가락소리
쩝쩝거리는 소리
금속성 더불어
친구 숟가락에
이빨 한 개 얹힌다
대문니도 아니고
송곳니도 아니다
두 심장 무너져 내린다
겨울 그늘 아래
그림자 속에서다.

느그 멋대로 해라

둥지 안 일곱 남매 거둬 먹이시며

살든지 죽든지 느그들이 알아서

느그 멋대로 하라시던

어미애비 말씀 이제사 사무친다,

인생세간 사람들아 인간사 모두모두

느그 멋대로 하지 마라

느그 멋대로 하라는

애비어미 말씀 말짱 거짓말이거든.

하라 하시던

하이고야 여내하고 섹스는 어지가이 좋아해서

"대낮부터 여내하러 어디 가는데
어지가이 해라 여내는 좋아도 섹스는 억수로 무섭다 아나?"

무슨 변을 당했을까 정신을 놓아버린
아가씨와 아줌마 중간쯤 되는 여자
순하고도 순하게 생긴 얼굴에
눈동자는 없는 여자
온천천변 헤매다가 저 닮은 여자
만만하게 보이는 연인남녀
앞에 서는 여자
그들 앞에 버텨 서서
하고 싶은 말글
서정시로 남기는 여자
무섭다가 우습다가 눈물겹다가 아프다

"하이고야 여내하고 섹스는 어지가이 좋아해서"

수변공원이란다

힘센 갈매기들 갈갈 갈 가갈 신나게 난다

날지 못하는 비둘기들 이름처럼 비둘비둘 날지 못한다

날지 못한다 사람들도 자갈치도 날지 못한다,

가진 자 조용하게 횟집에서 논다

도란도란 두런두런

못가진 자 시끌벅적 수변공원 차지다

수변공원 좋아하네 시멘트바닥이다

하이고 차가와라 와 이리 찹노, 느그들은 괜찮나?

차나?

새, 울지도 노래하지도 않고 지저귀다

친구 아내가 재혼은 한단다
저승과 이승 사이
중음에서 잠시 만나
친구와 나
새 되어 지저귀다
지지배배 지지배배
일찍 죽지 말아야지
사람과 더불어 울기 싫어서,
하늘이 주지 않은 것 잔뜩 걸치고
하늘이 허락지 않은 동작과 소리
율동이니 노래니 이름 지어서
보여주고 들려주는
사람 더불어 노래하기 싫어서.

中陰 이승과 저승 사이

시인아 시인아 이 일을 어이할꼬

조선나라 대한나라 회한 모아서
그 슬픔 혼자 삭이는
소월을 읽어라,
천의무봉 흐르는 만해를 읽어라,
제목조차 포기하고 북장이 되어
제 장단에 춤추는 영랑을 들어라,
노래하는 고향과 울음 우는 고향
지용을 보아라,
언어의 마술사 춘수를 느껴라,
듣고 보고 느끼기는 뒷전
정치로 유명세
자리나 노리는
상바라기 시인,
시인아
청정시인아
이 일을 어이할꼬.

悔恨 素月 金廷湜 萬海 韓龍雲 永郎 金允植 池龍 鄭芝溶 大餘 金春洙 賞바라기 清淨詩人 저자 조어

시를 쓰다가 시낭송에 빠지다

목소리로 돌아가기 하 좋아서
구비문학 청각예술 하 좋아서
말의 주인 청각언어 하 좋아서
듣기 먼저 말하기 다음 하 좋아서
보는 시 떠나 낭송시에 빠지다
외치고 절규하고 소란하다만
후련하지 않네
채워지지 않는
허전한 내역,
향가에 속요에 시절가 거쳐
조지훈 김현승 신석초 박재삼
충만하다 못해 터지는 가슴
보는 시만으로도 노래가 되니
외침도 절규도 필요 없는 것,
노래가 아니 되니
씁쓸한 시낭송.

芝薰 趙東卓 茶兄 金顯承 石艸 申應植 朴在森

개나 소나 타령

개나 소나 주는 상 나는 왜 안 주나!

자칭세칭 원로문인 아무개 시인작가

불평인지 비아냥인지 아리송한 말씀,

시인이여 극작가여 소설가여 수필가여

개도 소도 아니고 사람이고 싶거든

개나 소나 주는 상 달라 하지 마오,

시인이여 극작가여 소설가여 수필가여

태어난 순서인지 아는지 모르는지

그대와 나 이름도 용맹한 시인작가 아니겠소.

한심이 타령

네심이 세심이 두심이 이어 한심이가 나간다
공부머리 되는 아이 alphabet으로 드간다
scholarship comedy journalism major and elegy
공부머리 되는 아이 과외공부 덜 받으니 불평으로 드간다
먹물 쓰고 웃기는 친구 광고장이 덩치 큰 친구 열이나 낸다,
공부머리 안 되는 아이 한글로 드간다
스칼라십 코미디 저널리즘 메이저 엔 엘레지
공부머리 안 되는 아이 학교공부만 받으니 우리말로 드간다
학문 언론매체 희극 거대 비극 좋기만 하다,
네심이 세심이 두심이 이어 한심이가 나간다
사람 편하게 하는 머리 최고 머리다.

오냐 오냐 타령

오냐 오냐 니만 사람이고

우리들은 핫바지에 바지저고리다,

술 마시고 취할 줄 아니 바보 아이네 뭐

어둠 속에서도 화투장이 보이니

바보 아이네 뭐,

오냐 오냐 니 빼놓고

우리들은

바보는 아이고 등신에 등신불이다.

연작시 점층법 한 해

스스로 새봄

울음도 찡그림도 그대 하기 탓
찡그리지 말아요 울지 말아요,
못나 보이니까 슬퍼 보이니까
웃음 웃으며 피어나기 위하여
그대 그리고 나 스스로 새봄,

아름다운 여름 남녀

남자의 허풍은 너그럽게
여자의 수다는 예쁘게,
여자도 남자도 평화로울 거야
허풍 앞에는 봄바람
수다 뒤에는 가을바람,
세수수건 흔들어 맞이하면
어질고 아름다운 여름 남녀 될 거야
오호라 선남선녀 정갈 생생하구나,

하이고야 엄마야 가을이네요

밤새 이슬 만들며 서서 잠 선잠
눈 뜨니 이슬 일거에 스러지고
해님이 뿌려대는 무지갯빛 햇살
죽은 자도 산자도 하나같이 살려내니
풀 섶에 누나 얼굴 단풍잎에 아내 얼굴
하이고야 엄마야 가을이네요,

점층법 겨울나기

죽어가는 것들 불쌍하다 해도
불행과는 다른 것을 알아야 하리니,
겨울나기 뭉클 밟힌다 해도
가슴까지 뭉클 밟힌다 해도
뭉클뭉클 이는 의지 밟을 수 없으리니.

닫는 시 **미안하다 사랑**

누구에겐들 첫사랑 어이 없으리
숨겨진 사랑 어이 없으리
아름다운 불륜 어이 없으리,
그대와 나 언제 어디서나
지나간 사랑 그리워하고
새로운 불륜을 꿈꾸며 산다네,
그러므로 사랑이여
미안하고 또 미안하다.

김광수 제8시집

그리움

초판1쇄 발행 2015년 9월 17일

지은이 김광수
펴낸이 이길안
펴낸곳 세종출판사

주소 부산광역시 중구 흑교로 71번길 12 (보수동2가)
전화 463－5898, 253－2213~5
팩스 248－4880
전자우편 sjpl@chol.com
출판등록 제02-01-96

ISBN 978-89-6125-962-2-03810

정가 10,000원